カフェ・ド・ランブル創始

関口一郎・珈琲対談

渡辺徳仁 編

いなほ書房

はじめに

宮城県古川市（現・大崎市）に、「喫の会」というグループがあった。ルーツは牧恒夫氏をリーダーとする雪苞沓《ずんべ》山の会という山岳会で、昭和四十年代～五十年代にかけて、東北中南部の山のバリエーションルートの登攀で、一世を風靡した山岳会だった。特に朝日連峰の沢や岩場は、雪苞沓のホームグラウンドで、山岳誌「岳人」や白水社「日本登山大系」に、多くの記事を見ることができる。

昭和五十年代、パイプがブームとなり、雪苞沓のメンバーを中心としてパイプクラブ「喫の会」が結成された。メンバーには趣味豊かな顔ぶれが揃っており、「喫の会」はパイプクラブから趣味と文化を楽しむグループに変身した。そして当然のように、各自の興味の分野を発表する場として、同人誌「喫」を発刊するに至った。サブタイトルは「味と香りの本」。

創刊号は昭和五十八年九月発行。内容は珈琲、茶の湯、紅茶、酒、タバコ、お香、旅、家具、登山など、会員が打ち込んでいる分野についてのエッセイが満載されていた。

その中で、銀座「カフェ・ド・ランブル」経営の関口一郎氏は『珈琲百話』と題する文を寄せられていた。昭和六十二年に「喫十二号」を発刊後、十三号で関口一郎特集を組もうということで、この対談を収録した。しかし、諸般の事情により「喫」は十二号で廃刊となり、この対談が活字となることはなかった。

それから約二十年の歳月が流れた頃、テープ起こしをした原稿の写しを発見した。「喫」が廃刊になったため、日の目を見なかった原稿であったが、関口さんとの貴重な対談を、このまま埋もれさすのはあまりにも惜しいと考えた。

そこでキーボードを叩き、体裁を整えて「関口一郎・珈琲対談」という小冊子にまとめた。すでに岡部先生、牧先生共に鬼籍に入られていたが、関口さんはまだご健在だったので、「ランプル」に出向いたときに直接お渡しできたのは、元「喫」編集室としての責任を果たせたように思えた。ただし、この冊子を発表する場もなかったので、十数人の私の友人に配ったに過ぎなかった。

それがこのたび「いなほ書房」の星田宏司氏の目にとまり、貴重な対談なので出版したいとのオファーがあった。私もより多くの方々に読んでいただける機会が得られるならと、二つ返事でお受けし、ここにこの本が上梓されるに至ったのは、思いがけない喜びである。

なお、対談者の略歴は、巻末に掲載した。

末筆となりますが、この本を故関口一郎氏・岡部一彦氏・牧恒夫氏にお捧げいたします。

二〇二四年一月

元「喫」編集室　渡辺徳仁

関口一郎・珈琲対談・目次

第一部　珈琲と文化

第二部 おいしい珈琲の淹れ方

関口一郎・珈琲対談

第一部

珈琲と文化

一、珈琲と文化について

司会　これまで関口さんが「喫」に連載しておられた「珈琲百話」には、我国の珈琲界の大御所ならではの貴重なお話が語られていて、毎号大変興味深く読まさせていただいております。

改めて全体を通読してみますと、その国における珈琲の飲まれ方というものは、文化のバロメーターのひとつになり得るということが読み取れるのですが、本日は「珈琲と文化」というテーマをひとつの柱として、対談を進めて行きたいと考えております。

特に、ここには、関口さんを始め、岡部先生、牧先生、須田先生という、大変珈琲に造詣が深い方々が集われておりますので、日頃考えておられることを忌憚なく述べていただき、珈琲と文化とのかかわり合いについて、更に認識を深めていきたいと思います。どうぞよろしくお願いいたします。

岡部　あのさ、話を進める前にさ、一応文化というものに対する考え方を明らかにしておく必要があると思うんだ。

今、世間で「文化」といわれているものは、ひとつの「流行」なんだな。流行が文化だと思われているんだよ、傾向として。

桃山や江戸時代、シルクロード、そのほかヨーロッパあたりを見ても、古い、すばらしい文化というものがあるわけだ。

ところが今は低俗なものになっちゃって、現在のトップモードのようなものが文化が進んでいるという……。

そうじゃないんだな、文化というものは。昔のほうがはるかに進んでいたということができるんだよ。文明は進んでも、文化は進んでいるとはいえないんだよ。アメリカなんかがそのいい例なんだ。文化的には、アメリカなんかは、大変低級な国なんだな。

それと同じようにね、流行的なものと文化というものは、分けて考えないといけないと思うんだな。

これはマスコミにも責任があるんだ。マスコミの取り上げ方というものが、文化と称して流行しか取り上げていないんだ。しかも、古いものであっても、流行の視点からでないと、取り上げるほうが理解できないんだ。

だから、「喫」で取り上げる文化というものは、マスコミでいわれている文化とは一線を引いた、

歴史を踏まえた本物の文化を取り上げていかねば
ならないと思うね。

二、国によって違う飲み方

牧　珈琲と文化について具体的には、国によって飲み方が違うでしょう。産地の飲み方が正統的な飲み方ではないか、という意見もあるわけです。そのような事柄についても、触れたいと思うんです。

関口　国によって飲み方が違うというのは、当然ですね。そこの風土に合った飲み方にだんだん収斂されて行った過程というものがあるんですよ。

お酒もそうでしょう。そこで入手し得る材料、気候風土とか、食生活だとか、そういうものと相俟って、各地の持ち味というものができてきたわけですよね。

今まで、珈琲については、皆さんが常識的に知っているだろうと思われたので、（喫の本では）触れていなかったんですよね。

須田　ところが実際は、一番曖昧模糊としていて、わからないところでもあるんですね。
珈琲の飲まれ方にしても、その土地の気候、風土、政治的状況に合った飲まれ方になって行ったと思うんですが、それが豆本来の味を生かす飲み方とどう関わり合ってくるのかというのも、ここでお聞きしたいことなんですが……。
岡部　珈琲に限らないんだけど、その土地でできた一番いいものは、外国へ輸出したりして、お金を稼ぐために使うわけだ。だから、地元の人たちが飲んでいるものは、質の良くない珈琲ばかりというのが実情なんだな。

関口　それはありますね。

戦後、インドネシアがオランダから独立したから、きっとインドネシアの人たちは珈琲の原産地だから、たくさん珈琲を飲んでいるんだろうと思っていたんだが、それが案外飲まれていないんですね。

それはオランダの政策でね、飲ませなかったらしいね。飲ませないからもちろん味がわからない。

飲ませないっていうのは、生活レベルが低いとか、賃金が安いとか、奴隷みたいに使われていたから珈琲を飲む余裕がなかったのだろうけど、飲ませないという政策が続いていたから、飲む人が少ない。ましてや女の人はほとんど飲まない。なんか、恐がっているような風潮がある。

ブラジルの場合には、国内消費用の豆には一番品質の悪いものを回したり、一時はボリビアあたりから質の悪い豆を輸入して、いい豆は輸出用としていたことすらある。

それから、低級な豆を不正に輸出品に混ぜるために、食紅のようなもので悪い豆を着色していたことすらあるんですよ。

だから、岡部さんが言ったように、生産国ではいいものを輸出して、悪いものは自分たちで飲んでいた、ということはあるんですね。

岡部　それでもお金持ちは、いい豆を手に入れていたんじゃないの。でも、一般の人たちは、そんなバカ高い珈琲は飲めなかったんだろうね。

それに、産地国は植民地が多かったし、栽培技術や品種改良なんかは、支配者側の技術でやってきたんだな。農民自体は、もともとそれだけの知恵も技術もなかったんだ。
ただ、指導する側の国で品種改良なんかを行ない、だんだんいい品質の豆ができるようになっていったわけだよ。

須田　そうすると、地元文化の関り合いというよりも、支配者側の文化、技術水準というものが、珈琲の品質を決定づけてきたというわけですね。

関口　珈琲の場合は、特にそういうことが言えるね。

さっき話したインドネシアの場合なんかがいい例だけどね、昔、スマトラのマンデリンとか、セレベスのトラジャとかいろいろあるんだけれど、オランダの統治していた時代に、世界のトップクラスの珈琲ができていたんですよ。

でも、地元では消費されずに、ほとんどがオランダが外貨獲得用に使っていたんだけれど、戦後独立してから全く品質が落ちてしまった。同じ場所で作っていながら、いいものができていないいんですよ。

これは、略奪耕法といって、実がなったらただ採ってくるだけ。栽培じゃなくて、野性化してしまったわけだね。それで味がだめになってしまったんだ。

独立したこと自体は、インドネシアにとって良かったのかもしれないけれど、優秀な豆は消えていってしまったんだ。

岡部　こういうことは、大なり小なり、他の農作物についても言えるんだな。

関口　そう、紅茶なんかもそうですよ。セイロンとか、ダージリンとか、アッサムとか、名前だけは今でも残っているけど、だらしのないものばかりで、昔のように、本当に優れたおいしい紅茶っていうのは、なくなってしまってますね。

英国が統治していた時代の紅茶には、品種の改良もなされて、確かにおいしいものが作られていたのは事実なんです。ところがインドも独立したでしょう。それを境に、品質もどんどん落ちて行ったんです。

現地の人たちが知恵がないのか、それと、勤労意欲にも問題があるんだろうね。インドネシアなんかは、全くその通りで、勤労意欲がないから教えてもだめなんだ。

須田　そういうものに対する認識に欠けているということが、ダメにしちゃったというか……。

岡部　それが文化だよ。

須田　外来文化によって支えられていた味が、地元の低い文化によって退化してしまった、ということですね。

牧　もともと、その国の文化じゃなかったからね。

須田　それに伴って、統治国家が違うと、豆の味の傾向も違うということですか。

三．珈琲豆の栽培原種

関口　珈琲豆の場合は、その土地の気候風土に非常に同化されやすい。珈琲豆の原種が発見されたのはアフリカなんだけど、原種としては八種類ぐらいあったわけですよ。一番最初、エチオピアで発見されたというのが定説なんだが、八種類のうち、残っているのは、現在三種類なんです。

残っているというのは、商業ベースに乗せられるという意味のことなんだけど、その中で一番いいのがアラビカ種。それからロブスター種、リベリカ種があるわけ。リベリカ種はほとんど姿を消してしまって、アラビカ種とロブスター種が、現在世界に広まっている珈琲なんです。

この中でアラビカ種は、標高が高いところでないとダメで、低いところはロブスター種に適しているんだね。これはサビ病などの病害虫のためなんです。

　昔、セイロンでも珈琲が作られていたことがあったんだけれど、サビ病のため全滅しちゃったし、ジャワ本島でもアラビカ種が全滅してしまった。

　スマトラは高地なので、アラビカ種がよくできるんだけど、ジャワ本島は低地なので、ロブスター種に適しているわけ。たまに霜が降りるぐらいの高地のところで、一番おいしい珈琲ができるんです。

須田　紅茶もそうですね。
岡部　蕎麦もね。
牧　そういうところのがおいしい、と思うのではないの。希少価値とか先入観で。
関口　いや、標高の高いところの方が、確かにおいしいですよ。
先入観の話が出たけれど、宣伝とか流説のようなもので、認識が左右されているというところもありますね。
話が少し飛ぶけれど、最近、遠赤外線ローストの珈琲とか、炭火焙煎の珈琲というものを、盛んに宣伝しているでしょう。それは、良かろうというイメージに訴えているに過ぎないんですよ。

特に遠赤外線ローストというのは、宣伝文句では、熱が中心部に早く侵透するのでよく焼けると言っているんだけれど、珈琲豆というものは、芯のほうからローストされて行くんです。それを芯のほうから煎り上げたのでは、芯のほうがロースト過度ということになるわけ。これなんかは、理屈もなにもない全くの錯覚によるもので、いいだろうと思わせるイメージだけで商売しているんだな。だから、宣伝文句というものは、ようく検討してみると、大変な誤りを犯しているものがありますよ。

宣伝の上手なところほど儲かる商売をしているといえるのが、現代のやり方なんだと思いますね。

中身はどうであれ。

四．宣伝イメージの功罪

関口　ブルーマウンテンなんてのも、イメージとしては大変にいいいんだね。英国王室御用達なんてね。確かに昔、英国が世界に君臨していた頃、王室がプライベートで作らせていた、ということは事実なんです。買い上げではなしに、植民地に作らせていたんだ。

岡部　植民地だから、そういうことができたんだ。ブルーマウンテンというのは、農園の名前なの。

関口　いや、あれはジャマイカ島にイーストピークという山があるんです。東のほうに、キングストンという商業港のある湾があって、その近くにジャマイカ島では一番高いイーストピークという山があり、それを俗にブルーマウンテンと呼んでいるわけ。その山の割合に標高の高い所で、英国王室が珈琲を作らせていたんですよ。採算を度外視して、どんなに金がかかってもいいからいいものを作れ、ということで。

そこでできたものを、外国に行くときに、スコッチなどと共に英国の特産品として持っていったり、外国から要人が来たときに、洋服生地などと一緒に、おみやげとして差し上げたりしたわけ。その珈琲が、ブルーマウンテンという大変においしい珈琲でね。

戦前に戴冠式かなんかがあったときに、日本からの使節が、ブルーマウンテンの生豆をもらってきたわけですよ。その生豆を、たまたま僕の知り合いの人も持っていて、これを半分やるから、焙煎してくれと持ってきたわけです。

それを何度か飲ましてもらったんだけど、確かにおいしい珈琲で、人が騒ぐだけの値打ちがある珈琲であることは、事実なんです。

須田　でも、今出回っているやつとは、全然違うものなんですよね。

岡部　僕はこう思うんだけれど、軽井沢と一緒だよ。

軽井沢ってのはね、旧道の近辺だけだったんだ。たとえば沓掛や追分の方はね、あれは沓掛であり追分であったんだ。それが今、別荘地は軽井沢と名がつきゃ高く売れる時代になった。だから駅の名前まで、沓掛を中軽井沢と変えてしまった。

それから、線路から南の方は、ブヨと蚊とアブが発生するひどい所だったのを、南軽井沢と称して、テニスコートから何からいろいろ作ってね。また北軽井沢というのは、長野県じゃなくて群馬県だ。草津のそばだよ。そんな所までもね、軽井沢という名前をつけているんだ。

それと、ブルーマウンテンというのも同じだと思うんだ。要するに、ブルーマウンテンという名前さえつければいいわけだ。だからね、イーストピークでなくても、その周辺で作っているものは、どこで作ろうと、皆ブルーマウンテンという名で売っているだけなんだ。

以前、関口さんから、「本物のブルーマウンテンを飲みたいと思ったら、イギリスへ行って、王室関係の偉い人にコネをつけて分けてもらう以外に、本物は飲めないよ」ということを聞いたことがある。

ましてね、今みたいに商社が商業ベースで豆を仕入れるとなるとね、わけのわからん若いやつが現地に行って、なるべく安く仕入れて来るわけだ。だからね、世界中の屑豆を買い集めて、日本に輸入しているんだよ。

※・57頁の注を参照。

須田　そういうことでしょうねえ。

岡部　本当のいい豆というのは、昔の植民地を支配していた国が、今でも力を持っていて、先に押さえてしまうから、日本の商社が昨日今日豆を買いに行ったって、ロクな豆を仕入れられる訳がないんだよ。いいものは高くつくし、高いものを仕入れたら商社は儲からない。だから日本ではね、いい豆はほとんどないいんです。

五、淹れ方は、日本人が世界一？

岡部　そのいい豆がない代わり、こんなこと言うと、関口さんからおこられるかもしれないけれども、屑豆をいかにおいしく飲めるようにしようかという淹れ方なんかは、日本人が一番凝っているんじゃないかと思うんだ。

牧　選別もあるでしょう。

岡部　そうですね。それ式で、珈琲を淹れるテクニックは、日本が世界一になっているんじゃないか。だから、本当にいい豆を日本のテクニックで淹れれば、世界一おいしい珈琲が日本で飲める筈だと、俺は思うんだけど、どうですか。

関口　ワッハッハ。

牧　日本の珈琲が世界一おいしい、と言っている人がいますね。

須田　ほら、先程のね、風土に合った味というのがありますから、日本人に慣れてる味というんでね。

牧　いや、フランス人で書いている人いますよ。「おいしい珈琲飲むんだったら日本で飲むしかない」っていうことを。でも、パリで飲んだ珈琲は、まずいと思ったことはなかったなあ。

岡部　パリで僕なんか、エスプレッソで濃いやつをバアッと毎日飲んでたよ。パリはね、日本みたいに丁寧に淹れてくれる所はないんだ。

牧　関口さん所の「カフェ・ド・ランブル」みたいに、丁寧に淹れてくれる所はないね。

岡部　エスプレッソみたいな、あんなんでも飲めるということは、やはり質のいい豆を使っているんじゃないか、と思うんだ。

牧　関口さん、フランスの方が日本よりいい豆が入っていることはありますか。

関口　そうね、フランス全体のことはよくわからないけれど、今、ヨーロッパで本当においしい珈琲を飲もうとするなら、フランスじゃ飲めないよ、と言われているんですよ。

六、消費者の要求度と珈琲

関口　ドイツから北の方、デンマーク、ノルウェー、スウェーデン、最近はフィンランドあたりまでを含めての北欧に、ほとんどいい豆が集まっているというのが、現状らしいですね。

牧　実績があるから、そういうのが買えるんですか。

関口　いや、消費者の要求度が高いから、そういう所に集まって来るんです。

岡部　イギリスなど、珈琲ができる植民地を持っていた国は、お金はあるけれど珈琲の産地を持たない国へ、輸出していったわけだ。ただ、最近日本なんかは経済大国になったおかげで、日本にもいい豆が入るようになったんではないの。

牧　そうなって来たんですか。

関口　繰り返すことになるんだけれど、要求度の問題がそこに出てくるんですよ。

さっき岡部さんが言われた、安い珈琲を買い漁っているということは事実。そして、なぜ安い珈琲を買い漁るかというと、商社というものは、利潤を追求することが目的でしょ。そうするとね、ただ安いだけでなく、売れ足の早いものを選ぶわけですよ。そういうものは、輸入してからストックしなくて済むでしょ。ストックするには、倉敷料がかかって、回転が悪いから金利もかかる。能率が悪い。だから右から左に売れるものがいいんですよ。
そうしたことから、単に安いだけでなく、どういうものが一番得かを考えるんですよ。つまり、ストックしないで、帳簿だけで済むようなやつがいいんですよ。その一番いい条件を満たすものが、安い珈琲なんです。右から左行っちゃうのが。

須田　商社からメーカーに直結で、バアーッと行っちゃうんですね。

注・座談会が行われた昭和32年当時の発言で、現在では、商社もスペシャルティ・コーヒー豆から、一般的な豆まで扱い、流通経路も整備されている。

牧　でも、いい豆も入っているんでしょ。

関口　そりゃ入っていますよ。だけど、昔ほどいい珈琲が世界中になくなってきたことも事実。それは先程言ったような栽培技術の低下や、要求度が下ってきていることが原因なんだな。

七、珈琲の要求度で分る文化度

牧　要求度は、だんだん下がってきているものなんですか。

関口　フランスなんかひどいもんだ。フランスは昔、ものすごくいい珈琲を飲んでいた国なんですよね。ところが最近のフランス人は、珈琲に対してあまり高い関心を持っていない。コカコーラなんか飲むようになっているしね。

須田　戦後のアメリカの、商業ベースでの世界制覇というものが、大きく影響しているんじゃないでしょうか。

アメリカ人が世界各国に出て行って、商売しているわけですよね。そこで必要とされた商品は、決して文化度の高いものではなかった。そういう商業ベースに、毒されちゃったんじゃないでしょうか。

牧　基本的に一般大衆というものは、コマーシャルとか、安直なものに弱いというものなんですね。

須田　そういうのと、商業力というものは、国家を左右するぐらいに強いから、一人の人間の意見なんかは黙殺されてしまって、商業ベースで進んじゃってる。

牧　でも、それは好みの問題であって、意見の問題ではないから、意見なんて言わなくても、おいしいものしか飲まないっていう人間が多ければ……。

関口　そういうわけです。

須田　さっき言ったような流通の問題がからんできているから、いいものが普及できないでいるし、いい味を知らないままに終わってしまう。

牧　知らないから、我慢できるんですね。

須田　知らないのは、我慢じゃないんですよね。そういうものだと思っている。

関口　とにかく、遭遇するチャンスがないとね。そのまま済んじゃうんですよ。

そのまま一生ね。

岡部　だから、北欧の方にいい豆が全部行っちゃうというのは、北欧の人たちというのは、それだけいいものを要求する人が多いし、文化のレベルも高いというわけだよ。

関口　北欧なんか非常に高い税金払っているんだけど、老後の保障やいろんな社会保障で、還って来るっていうんで、納得して払っているわけだよ。

納得できる国の機構となっているというか、非常に文化が高いから、そういうことができるんですよ。

須田　文化が高いだけあって、考え方は、商業ベースに巻き込まれないでやっているところがありますね。大企業にしても、利益の一部を還元するという思想がありますね。ボルボの会社なんかがいい例ですよ。ボルボなんか、品質を考えれば安い車だと思いますよね。

牧　国民一人一人が、利口だということだね。

須田　意識が高いんですよ。そこが文化レベルが高いといえるところでしょう。

牧　僕の仕事にも関係するんだけど、家具なんかもね、北欧の家具は、日本のそのへんの家具に比べたら、値段が四～五倍はするんだけれど、逆に十倍以上の耐久性があるわけ。

これはむしろ経済的なことでもあるし、いいものと一緒に暮らす楽しみなんかを考えると、太刀打ちできないなぁと、いつも思いますよ。

須田　北欧の家具なんか、今ブームになって業者は儲けているんだけれど、現地では、そんなに高いものではないんですね。車にしても家具にしても、本当はリーズナブルな価格で長持ちするというのが、向こうのものなんですね。それを考えたら、北欧の人たちの文化意識というものは、すごく高いものがあると思いますよ。

牧　珈琲の要求度がイコール文化レベル、ということにもなりそうですね。

関口　まあ、大袈裟にいうならばね。

須田　珈琲とかタバコとか、嗜好品というものは、そういう一面を持っているんじゃないでしょうか。

牧　でも、車とか家具とかと違って、消費しちゃうものでしょう。それでもそういうことが言えるというのは、面白いですね。

八、本当においしい珈琲を知るには

岡部　日本人はね、本当においしい珈琲というものを飲んでみなければいけないんだ。本当においしい珈琲とは、こういうものだと。そりゃ好き好きはありますよ。種類は何でもいいから、その中でもトップクラスのものを飲んでみて、なるほどこれが珈琲か、というものをわかることが必要なんだ。

須田　そうすれば、まずい珈琲は飲まなくなりますよ。ヨイショするわけじゃないけれど、関口さんとこの珈琲を飲むと、ほかでお金出して飲む気がしなくなるもの。これは、おいしい珈琲を知ったからこそ、言えることですね。

関口　そういうお客さん、多いね。よそでは全く珈琲を飲まないで、珈琲嫌いで通している人が、ランブルだけには来るという……。

牧　私なんか、オギャーと生まれた時から、ミルクに珈琲を混ぜて飲んでいたそうなんです。ところが、恥ずかしいことだけど、四十歳ぐらいまでは、おいしい珈琲を飲んでいなかったんです。

それまでは、朝に珈琲をドサッと淹れて、それを沸かして、一日飲んでいたわけです。家に来る人たちも、おいしいって言ってくれるから、おいしいものだと思っていたんです。

ところがある日、家に来た若者が、先生の所の珈琲はまずいって言うんですよ。それで、仙台の

「プロコプ」という店のがおいしいって聞いて行ってみると、なるほど違うわけです。そこの豆を買うようになってから、おいしい珈琲が飲めるようになったんですが、意識しないことには、わからないんですね。四十年も珈琲を飲んでいてもね。

関口 そういうことですね。

須田 僕はその逆で、小さい頃から緑茶ばかりで、高校生の頃から喫茶店に入るようになっても、珈琲をうまいと思うことはなかったんですね。

やはり日本茶だと思ってきたわけですけど、岡部先生や牧先生の所でおいしい珈琲をいただき、もちろん関口さんの珈琲を知るに至って、こういう珈琲が本物のおいしい珈琲なんだ、とわかったわけなんです。

牧　まずい珈琲を飲むと、胸がムカついてくるんですね。

関口　そういう人は多いですよ。だから珈琲は嫌いだとかね。

一般の人は、珈琲をおいしいと思って飲んでいるんではなく、なんとはなしに文化の香りのする飲みものだとか、カッコいいというようなイメージだけで飲んでいるんですよ。珈琲を本当にうまいと思って飲んでいる人は、少ないんじゃないですか。

岡部　僕もね、本当においしい珈琲、本物の珈琲は好きなんだけど、普通の店では飲めないから、そういうのを飲むときには、珈琲と称するソフトドリンクだと思って飲むことにしているんだ。ないよりましだ、という程度の飲みものとしてね。

須田　ないよりましだという考え方は、物のない時代、軍隊時代をお過ごしになられた先生方の世代が生んだものなのでしょうね。

牧　若い人たちの中にもね、ないよりましだと言って、そういう珈琲を飲んでいる人はいますよ。本当に珈琲がわかる人はね。

　そういうのでも飲むのは、珈琲が好きだってこともあるんじゃないの。僕たちみたいにおいしい珈琲しか飲まないっていうのは、本当に珈琲が好きじゃないのかもしれないなあ。

関口　時々はうまいものを飲みに行くけど、ふだんは我慢して、あまりおいしくない珈琲でも、インスタントでも何でも飲むという人はいますね。

インスタントといえども、外国のもののごく一部には、少し我慢すれば飲めるものもありますよ。日本のインスタントは論外だけどね。抽出を正しい技術で行なっているインスタント珈琲は、溶かしたあとの水色がきれいに澄んでいるものがあります。これなどは、インスタントでも、一応、我慢できる味に仕上がっていますね。

そのように、選ぶ力さえあれば、インスタント

でも珈琲を楽しむことはできるわけです。ただ、
身近なところにそのようなものが売っていないの
では、どうしようもないのだけれど……。

九、戦時中の代用珈琲

関口　珈琲好きには、とにかく毎日何杯もガブガブ飲む人もいれば、おいしい珈琲を求めて、遠くからでもおいしい店を訪ねて来る人もいるんだね。

私の場合は釣りなんかで、一週間や十日出かけることがあるんだけれど、その場合は頭を切り替えてしまってね、飲めないんだと思って、その間は我慢できちゃうんだ。

岡部　それが本当の通ってもんなんじゃないのかなあ。僕なんか戦前の平和な時代、親父からおいしい珈琲を教えられていたんだけれど、戦争になって、それが飲めなくなった。でもたまに町に出て、代用珈琲を飲んで、たとえそれが珈琲の香りなんかしなくとも、平和な時代の記憶を呼び戻して、おいしかった味をイメージの中で呼び戻すことはできたんだ。

戦後はもっとひどくなってね、珈琲なんかもうないんだ。でも珈琲が飲みたくてねえ……。

牧　大豆なんかを炒って、よくやったでしょう。

岡部　ロッククライミングのときなんかは、珈琲の道具を持って行くことなんかできないから、上高地に降りて来ると、まず珈琲を飲むわけ。でもロクでもない珈琲でまずいんだけれど、おいしい珈琲を飲んだときの記憶をダブらせて、飲むんだな。家に帰ったらうまい珈琲を飲むぞ、と思いながらね。だから、いろんな所に行ったとき、そのへんの喫茶店に入っても、平気で珈琲が注文できるわけ。

牧　黒伏山に行ったときにね、珈琲を淹れる道具なんか何にもなくて、コッヘルしかなかったんだけど、関口さんとこで珈琲を学んだ人がいて、淹れてくれたことがあったんです。

沸かした湯を少し冷まして、それに珈琲の粉を入れて点ててくれたんだけど、本当においしい珈琲だった。プロコプのご主人ですよ。プロが淹れると、たとえ道具がなくてもおいしい珈琲が淹れられるんだと、感心したことがありましたね。

関口　そういうやりかたが、あるんですよ。

岡部　夕日が黒伏山のあの岸壁を照らしてねえ。それを見ながらのあの珈琲の味は、忘れられないよ。

十、砂糖とミルクについて

岡部　以前関口さんからね、もっと見識を持て、まずい珈琲なら飲まないほうがいいと言われてね。僕は珈琲通じゃないんだ、単なる珈琲好きなんだと思うけどね、でもそういうのは珈琲だと思ってないから。珈琲という名のソフトドリンクだと思っているから。

関口　はっきりと分ければいいんだよ。珈琲に砂糖を入れたのは、別の飲みものだと思えばいいんだよ。砂糖を入れようがミルクを入れようが、それは好みでどんな飲み方をしてもいいんだ。それは珈琲とは別の飲みものなんだ。ピュアな珈琲だけが珈琲なんだ。

　砂糖もミルクも否定しないのはね、疲れたときなんか、生理的に甘いものが飲みたくなることがあるよね。そんなときは、砂糖やミルクが入った珈琲がほしくなるんだよ。調理した珈琲と考えればいいんだね。

須田　魚と同じだ。ピュアな魚の味は刺身ですよ。煮たり焼いたりしたのは、調理した味。でもどちらもその魚の味なんだ。

関口　砂糖を否定するわけじゃないんだけれど、砂糖を入れて飲むことが習慣になってしまっていると、本当においしい珈琲の味がわからなくなってしまうと思うんだ。

牧　この間、関口さんの所で、ハワイコナの十二年ものを頂いたとき、砂糖を入れるんなら飲ませないよ、といわれましたよね。でも、あれを飲んで、ああ、これなら砂糖なしで十分おいしいと思いましたね。

関口　あのね、いろんな国でいろんな飲み方がなされているんだよね。砂漠のベドウィンなんかはね、嗜好品ではなく、生活必需品として珈琲を飲んでいるんだ。その場合は、砂糖でなく塩を入れて飲んでいるんだね。

須田　紅茶もチベットなんかでは、塩や山羊の乳を入れて飲んでいますよね。

岡部 うん、山登りしててね、うんと汗かいたときに珈琲に塩入れて飲むと、おいしいんだよ。

須田 ものすごく疲れたときに塩をなめると、甘さを感じますよ。野性の鹿に塩を与えると喜んでなめるのは、おいしいと感じているんでしょうね。

関口 岩塩のいいのをなめると、確かに甘いですよ。

岡部 今日は安心したなあ。珈琲に砂糖や塩入れて飲んでいたんで、笑われるかと思っていたんだよ。

須田　緑茶の場合は、アミノ酸の甘味やうまみがあるんで何も入れないで飲むんだけれど、紅茶のように醗酵させてアミノ酸を分解してしまった飲みものは、砂糖を入れて飲んだりするんですよね。

珈琲もアミノ酸はあまり含まれていないので、同じことが言えるのではないんでしょうか。（ここで須田氏所用のため退席）

司会　珈琲にも、さまざまな飲み方があるということ。また、要求度が高いかどうかによって、本物が普及するか否かが決まってくるということが、この対談を通じて明らかになったと思います。そして要求度は、本物を知っているかどうか、すなわち、文化水準の高さによって決まるということができるようですね。

この対談のテーマ「珈琲と文化」については、そのようにまとめることにいたしまして、次に関口さんには、おいしい珈琲を淹れるコツについて、お伺いしたいと思います。

第二部

おいしい珈琲の淹れ方

一、おいしい珈琲を淹れる条件

一－一、一が豆・二が焙煎

関口　おいしい珈琲を点てるための第一条件はね、材料の豆に尽きるんだよね。

牧　選別ですか。

関口　選別以前にね、商社が買ってきたようなまずい豆でなくてね、標高の高い所でできたいい豆を使うことだね。エージングなどの付加価値をつけるのは別問題でね、生豆でいいものを使うことに尽きるんだね。

次に焙煎だね。その珈琲の持味を一番良く引き出すような焙煎をすることだね。この豆はこの焙煎しかないということではなくて、各自の味の好みに合った焙煎をすることだよ。

牧　銘柄によっても、それに合った焙煎というものがありますね。

関口　そうね。一般には、自分の好みに合った種類と焙煎の豆を選ぶことなんだが、自分の好みを伝えて焙煎してもらうという手もあるね。

一―二、三が粉砕・四が抽出

そういう理想的な豆が手に入ったら、次は粉にすることだね。粉にするのは、成分を出しやすくするためだけど、その条件としてはね、最近のC

Mでよくいわれている「粗挽きネルドリップ」なんてのがあるけど、あれは昔から僕がやっていたことでね。ただ、粗挽きといっても、ただ挽けばいいというんじゃなく、粒子を揃えることが大事なの。

粗挽きでなくてもいいんだけれど、微粉が出ないような挽き方が粗挽きなの。言うなれば、微粉が出ない挽き方をしなさい、ということなんだ。ミルの構造上、微粉が出ない挽き方を追求すれば、粗挽きになってしまうんだよ。

牧　挽いたら、次は抽出ですね。

関口　点てるときにはね、ボイルドメソッドといって、粉を湯の中に放り込んで点てる、というやり方もあるね。

ボイルドといっても、グツグツ煮るんじゃなくて、ある温度の湯に粉を入れるやり方ね。入れて、かき回して、濾して飲むという、原始的な点て方だけどね。

牧　さっきの、山で淹れたやり方ですね。

関口　あとは、パーコレーターだとか、サイフォンだとか、オートマチックの珈琲メーカーだとかの、器具を使う点て方ね。そのほかに微粉にした豆を、トルコスタイルで沈んでから上澄みを飲む方法があるね。でもこの方法は、日本や西洋では普及しなかったんだ。

一―三、ネルの起毛は外か内か

濾過する方法としては、ネルや紙のドリップがあって、僕もいろんな材質のものを試したんだけど、結局、ネルが一番いいということで、ネルに落ち着いちゃったんだ。

牧　ネルの場合、起毛している面と、起毛していない面がありますね。どっちを表にすればいいんですか。

関口　昔は両面に起毛しているネルを使っていたこともあったようだけど、今は片面に起毛しているネルを使っているね。

多くの人は、起毛している方を内側にしているけど、それでは珈琲の粉が目詰りして、抽出速度が遅くなるの。起毛が外の方が、抽出された液が早く落ちるでしょ。ネルの中であまり長く滞留させてはいけないの。僕は以前から、起毛している方は外側だと主張しているんだけどね。

本を書く人で、起毛しているのは内側だという人がいてね、その人がブラジルに行ったの。そしたらある婆さんが、起毛してある方を外側にして珈琲を淹れているんだって。そこで何か理由があるんだろうと思って訊ねてみると、昔からこの方法でやっているんで、理由なんか知らないっていいうんだって。
でも、この方法で淹れた方がおいしいってことを聞いたって、わざわざ僕に報告に来てくれたことがあったよ。

牧　それは生活の知恵で、その方がおいしいってことがわかって、定着したんでしょうね。

関口　次は湯を注ぐことになるよね。ポットから豆の粉に湯をポツポツと滴下して豆がふくらんでくる。そして粉全体に滲みわたるように、蒸らすように滴下していくと、ネルの下から液体がポタポタと落ちてくるよね。そこまでで準備完了なんですよ。これから抽出が始まるの。

一－四、抽出時の温度

それから注ぐ量を多くして、なるべく短時間で下に落とすことなんですよね。その場合に、注ぐお湯の温度が問題になるんだけど、肝心なのは抽出されているときの珈琲の温度なの。湯の温度が一定でも、高い位置から注げば湯温は低くなるし、低い位置から注げば高い温度の湯が注がれる。また、太く注げば高温の湯となるし、細く注げば温度は低くなるわけですよ。それをうまく操作すれば、湯の温度は一定でも、いろんな温度で抽出できるんです。昔、抽出中の粉に温度計を突っ込んで、いろいろ研究したものですよ。

抽出時の温度はね、八十度から九十度の間だね。九十度を超えると液体が濁るから、絶対に九十度以上にはしないこと。実際は八十五〜六度までだね。

湯の中に粉を放り込んで抽出する方法では、最適な湯温は八十四度だった。液体が濁ったら、珈琲は失格なんです。だから、絶対に高温にはしないこと。低温の場合には、時間をかければおいしい珈琲は抽出できるんです。

牧　極端な例が、水出し珈琲なんかそうですね。

関口　抽出のコツというのは、そんなところですかね。ただ、抽出の過程で、細分化すると、さらに細かいことが言えるんですが……。

二、豆の買い方と挽き方と保存方法

牧　私らが焙煎した豆を買ってきて、ミルで挽く場合の留意点はどうでしょうか。家庭用のミルは、プロ用のミルとはだいぶ性能が違うように思いますが。

関口　家庭用の電動ミルで、良いものはないね。

舶来のものを含めてね。微粉が出てしまうんだ。プロペラ式のなんか最悪でね、あんなものは使っちゃいけない。

手動式のミルを使うことだね。熱を持たないし、最近はセラミックの刃のものができているので、それなんかは、切れ味の点でもいいんじゃないかな。

牧　手で挽くのが大変な場合に、お店で挽いてもらった豆を一週間程度保存する場合は、冷凍庫に入れるのがいいのでしょうか。

関口　湿気を呼ばないようにすれば、冷凍庫を使う必要はないね。

微粉が全く出ない条件で挽いた豆の場合は、保存したものを使うよりも、最悪の条件でも、点てる直前に挽いた豆を使ったほうが上です。とにかく、点てる直前に挽くことが、絶対条件といえるんだね。挽いて一日経った豆を使ったのよりも、たとえ微粉が出ても、直前に挽いた豆を使ったほうがおいしいんです。

私はね、「挽き売りって言うな、豆売りと言え」

と主張しているんです。
ヨーロッパなんかでは、挽いてもらって買っているけどね、あれは今日飲む分なんです。日本ではね、挽いてもらった豆を、一週間も二週間も使うから、それではダメなんです。

牧　焙煎も、点てる直前に焙煎した方がいいんですか。

関口　豆はね、焙煎直後ではなく、数日置いたほうがおいしくなるんですよ。僕の店でも、焙煎直後の豆は使いませんよ。

牧　それじゃあ、焙煎した豆は、どのくらいの期間持つんですか。常温で。

関口　乾燥した条件下ならね、一ヵ月は大丈夫です。もし保存するならね、一日分ずつビニール袋に小分けにして缶に入れておけば、湿気を呼ばないし、いいんじゃないかな。

とにかくね、買ってくるときに、古くなっていない豆を買ってくることですよ。いつ焙煎したものかがわかればいいんだけど。

それと手挽きのときにね、パリパリと軽く挽ける豆は、湿気っていない豆なの。それがね、重くてゴリゴリと挽けるようなのは、湿気った豆だね。それとドリップで淹れるとき、泡がふっくらと膨れて来ない豆は、古くて湿気った豆だということ。失格の豆ですよ。

牧　私のところでは、その日に焙煎した豆を買ってきて、冷凍庫に入れているんですけど、その必要はないですね。

関口　そうですね。もし、いただいた豆で、長期間飲む予定のない豆なら、冷凍庫に入れるのも考えられるけど、通常飲んでいる豆なら、その必要はないですね。

二一、焙煎の度合いと味の関係

牧　濃い目の味が好きな場合と、薄目の味が好きな場合で、焙煎の度合いはどんなふうに変わりますか。

関口　濃い味にするなら深煎りにするし、薄味にするなら浅煎りの豆を使うよね。

アメリカン珈琲という薄味の珈琲があるけれど、あれは浅煎りの豆で抽出したものだね。これは、歴史的にもよく知られていることなんだけど、アメリカ独立戦争のきっかけとなった、ボストンティパーティーね。英国本国が紅茶に高い関税を課して、それに反発して紅茶のボイコット運動が起こったんだけど、紅茶をボイコットしても、紅茶に近い飲みものがほしかったわけ。それで紅茶の代用品として、浅煎りの豆で、薄い珈琲を淹れて飲んだというのが、アメリカン珈琲なわけだ。

その発生がね、珈琲としてではなく、紅茶の代用として飲むために作られたものなんだね。

牧　焙煎を三段階ぐらいにして売っている店もありますね。

関口　好みの問題でね、酸味を生かしたものが好きな人は、浅煎りのものを選べばいいわけだし、酸っぱいのがいやな人は、深煎りのものを選べばいいわけだね。浅煎り、深煎りそれぞれに合った点て方があるんでね、そこを誤るとまずい珈琲になってしまうんだ。

浅煎りのものを濃く点てるとね、どぎつい珈琲になってしまって、飲めたものではなくなってしまうね。僕は酸っぱい珈琲が嫌いだから、深煎りのものを使うんだけど……。

牧　私もその方が好きですね。

関口　どぎつい珈琲を飲まされたりした人が、珈琲嫌いになってしまったりするんだね。

三、オールド・ビーンズ（エイジング）について

岡部　それからね、関口さんに訊いておきたいのは、あのオールド・ビーンズね。十年とか二十年とか経つと、どうしてあんなにおいしくなるのかね。フルーティーになるんだね。二十年もののモカ・マタリなんかね、果物のような味わいになっ

ているんだね。

関口　化学的に分析したわけじゃないから、はっきりは言えないんだけど、熟成によって、成分が変化していくんでしょうね。一種の醗酵が進むというかね。

　味噌やワインやお酒なんかもそうですよね。タバコの葉もそうね。寝かさないとね、味がまろやかにならないんですよね。

岡部　豆を寝かしていくとね、年代と共に色が変化していくんだよね。グリーンがなくなって、次第に琥珀色に変化していくよね。おしまいには透明感まで出てくるんだよ。

関口　力は弱くなるんですよ。味が練れてきてね、香りも良くなるんですね。

岡部　品がよくなるんだ。

牧　銘柄の個性はどうなんですか。弱くなるように感じましたが。

関口　もちろんそうですよ。エージングする豆はね、荒々しくて力のある豆が向いているのね。若い状態では使いにくいものの方が、エージングすると良くなるものが多いね。

岡部　じゃ、マタリなんかいいかもしれない。

関口　最初から素直なやつはね、気が抜けちゃうんですよ。

牧　ハワイコナだって、個性の強い珈琲ですよね。あまり好きじゃなかったんだけど、このあいだ十二年ものを飲んだらおいしかった。

岡部　トラジャなんかはどうでしょうね。

関口　今のトラジャはだめみたいですね。昔のトラジャはね、本当にいい飴色になったんですけどね。

岡部　ハワイコナはいいと思うけどね、ブルーマウンテンやコロンビアはだめだろうね。

関口　そうね。それと、ブラジルでエージングして良くなった豆はないいんですよ。コロンビアもね、そんなに上がらないですね。

牧　やみくもに、何でも熟成させればいいってわけではないんですね。

関口　もちろんそうですよ。今までずいぶん駄目にしたものがありますよ。でもね、あの二十年もののマタリね。最初はいいだろうと思って熟成させて、十年目ぐらいに飲んでみたら、良くないんですよ。がっかりしちゃってね、そのまま忘れていて、二十年近く放っておいたのを試してみたら、すごくおいしくなっていたの。ガラッと変わっていて、こいつは儲けたなぁということになったの。

牧　もう店にはなくなっていましたよ。

関口　そうね、もうそろそろなくなる頃だったかなあ。

岡部　そいつは残念だ。これから飲みに行こうと思っていたのに。

関口　いいものからなくなって行くんだよね。昔、トラジャの本物が入っていたときにね、もう豆がなくなる頃、お客さんで十杯分先払いするから取っておいてくれなんて人がいたけどね。そのときは丁寧にお断りしましたけど……。好きな人が多いんでね、なるべく多くの人に飲んでもらいたいと思うから。

岡部　ランブルの二十年ものね、あれ飲んだときに愕然と思ったことはね、珈琲というものは農産物だと初めて思ったの。

牧　どうしてそんなこと思ったの。

岡部　あまりにフルーティーだからね。果物の香りがするんだよ。

牧　フルーティーっていえば、紅茶も上等なものは、フルーティーですね。

関口　コニャックのいいのも、フルーティーだね。

岡部　俺、初めて気がついたんだなあ。

関口　珈琲の実って、フルーツなんだよ。

岡部　今まで、本当に上等の珈琲って飲んだことなかったんだね。関口さんとこで、初めて教えてもらったよ。

司会　話は尽きないのですが、予定の時間となりましたので、このへんでお開きにさせていただきたいと思います。

後半では、おいしい珈琲を点てるための留意事項や、オールド・ビーンズについてのお話など、我国の珈琲界の第一人者である関口さんから、大変貴重なお話をお伺いすることができました。

そして、珈琲の世界の奥深さ、素晴らしさの一端を知ることができました。日々珈琲を飲むときに、この対談の内容を思い起こすことができたなら、より味わい深く珈琲を楽しむことができるのではないでしょうか。

本日は長時間にわたり、ありがとうございました。

座談会出席者のプロフィール

関口一郎　銀座「カフェ・ド・ランブル」創始者、東京都アーチェリー協会顧問（故人）

岡部一彦　画家、登山家、第2次RCC創立代表、日本パイプクラブ連盟第2代会長（故人）

牧　恒夫　彫刻家、登山家、雪苞沓山の会代表、喫の会代表、茶人、千盌会主宰（故人）

須田各哉　登山家、篆刻家、オルタナティブスクール参与、美学美術研修所主宰

渡辺徳仁　（「喫」編集室）紅茶卸業、山岳写真家、山岳図書ライター、クッキー工房経営

関口 一郎（せきぐち・いちろう）略歴

1914年（大正3年）、東京浅草に生まれる。

学生時代より、コーヒーに親しむ。

1948年（昭和23年）、銀座に「アルカロイド飲料研究所」という便宜上の名称のもと、現在の「カフェ・ド・ランブル」のもとを開設。コーヒーだけの店、そして日本の自家焙煎珈琲店の草分けとなる。2018年3月17日、103歳で死去。

役　職　「㈱カフェ・ド・ランブル」経営。
　　　　「日本パイプスモーカーズクラブ」世話人代表。
　　　　「ジャパンビッグゲームフィッシングクラブ」会長。
著　書　『コーヒー読本』『コーヒー伝播史』『銀座で珈琲50年』『煙草と珈琲』『珈琲辛口談義』（いずれも、いなほ書房刊）がある。

本書の刊行に当り、下記各社の
ご協賛をいただきました。

アタカ通商株式会社

(世界のコーヒー生豆卸)
東京都中央区日本橋人形町1-6-10 ユニコム人形町ビル5階
TEL 03-5640-1911　FAX 03-5640-1915
ホームページ　http://www.specialitycoffee.jp

株式会社サザコーヒー

(自家焙煎コーヒー。生豆販売)
茨城剣ひたちなか市共栄町8-18
TEL 029-270-1151　FAX 029-212-5775
ホームページ　http://www.saza.co.jp

株式会社富士珈機

(焙煎機「DISCOVERY」他。ミル販売)
大阪府大阪市浪速区稲荷1-8-29
TEL 06-6568-0440　FAX 06-6568-0540
ホームページ　http://www.discovery-cafe.jp

株式会社フレッシュロースター珈琲問屋

(コーヒー焙煎豆、各種コーヒー商品扱い)
神奈川県川崎市川崎区桜本2-32-1 川崎SRC3階
TEL 044-270-1440　FAX 044-270-1447
ホームページ　http://www.tonya.co.jp

株式会社ヒロコーヒー

(コーヒー&ケーキ・パン製造販売)
大阪府吹田市江坂町1-7-7-2F
TEL 06-6339-0411
ホームページ　http://www.hirocoffee.co.jp

関口一郎・珈琲対談

2024年4月20日　第1刷

編　者　　渡辺徳仁

発行者　　星田宏司

発行所　　株式会社　いなほ書房

〒169-0075 東京都新宿区高田馬場1-16-11

電　話　03（3209）7692

発売所　　株式会社　星　雲　社

（共同出版社・流通責任出版社）

〒112-0005 東京都文京区水道1-3-30

電　話　03（3868）3275

乱丁・落丁本はお取り替えします

ISBN978-4-434-33948-6